ENSEIGNEMENT DU DROIT

AU

PALAIS-DE-JUSTICE A LYON

Sixième Année

SÉANCE DE RENTRÉE

du 15 novembre 1873

COMPTE-RENDU

SUR L'ENSEIGNEMENT

PENDANT L'ANNÉE SCOLAIRE 1873-1874.

LYON,

IMPRIMERIE DE MOUGIN-RUSAND

3, rue Stella, 3

1873

ENSEIGNEMENT DU DROIT

AU

PALAIS-DE-JUSTICE A LYON

Sixième Année

SÉANCE DE RENTRÉE

du 15 novembre 1873

COMPTE-RENDU

SUR L'ENSEIGNEMENT

PENDANT L'ANNÉE SCOLAIRE 1873-1874.

LYON

IMPRIMERIE DE MOUGIN-RUSAND

3, rue Stella, 3

1873

ENSEIGNEMENT

DU

DROIT

AU

PALAIS-DE-JUSTICE A LYON

Le 15 novembre 1873, à neuf heures du matin, les professeurs de l'Enseignement libre du Droit se sont réunis au Palais-de-Justice, dans une des salles d'audience, où avaient été convoqués les étudiants des diverses années.

M. Dareste de la Chavanne, recteur de l'Académie, Me Phélip, bâtonnier de l'Ordre des avocats, Me Brac de la Perrière, ancien bâtonnier, MMes Mathevon et Roux, membres du Conseil de l'Ordre, honoraient de leur présence la réunion, à laquelle assistaient aussi près de leurs fils étudiants, plusieurs pères de famille.

Mᵉ Rougier, président des cours de Droit et
membre du Conseil de l'Ordre, ayant déclaré la
séance ouverte, a pris la parole en ces termes :

MESSIEURS,

Le Compte-rendu que j'ai à vous présenter s'écarterait
du but qu'il doit atteindre s'il affectait la solennité d'un
discours académique.

La clarté et l'exactitude sont les seules conditions néces-
saires à l'examen rétrospectif de nos travaux pendant la
dernière année scolaire.

Vos efforts, les résultats que vous avez obtenus, les
conseils qui peuvent vous être utiles, les améliorations
propres à maintenir notre Enseignement au niveau de vos
besoins et des désirs de vos familles, tels sont les points
qui réclament notre attention.

Cet entretien réflétera donc aussi fidèlement que possible ce que vous avez fait, ce que nous attendons de vous,
ce que peut et doit être notre tâche.

Le premier objet de nos observations est relatif au nombre des étudiants inscrits à nos Cours.

Il y a deux ans, vous étiez 106 ; si ce niveau a baissé
quelque peu dans la dernière année scolaire, l'application

de la loi militaire et quelques autres circonstances fortuites expliquent cette légère diminution.

Cependant le nombre de cent étudiants, tantôt dépassé, tantôt à peu près atteint, semble s'affirmer depuis trois ans comme une base normale, et le point de départ d'un développement ultérieur.

Ce chiffre d'ailleurs suffirait pour attester, s'il en était encore besoin, la raison d'être de notre Enseignement, et les services qu'il peut rendre aux familles.

Il n'est pas sans intérêt de rechercher d'où viennent nos auditeurs. La plupart appartiennent à notre ville ; d'autres s'y rattachent par des relations de famille ou d'affection ; il n'en est aucun, jusqu'ici, qui ait paru entièrement étranger à notre région.

C'est donc une affluence presque exclusivement locale que notre Enseignement a réunie depuis cinq années.

Sans doute nous accueillerions avec satisfaction un plus ample concours, mais il ne nous déplait pas que le noyau de nos étudiants reste fidèle à son caractère originaire, et comprenne surtout ceux qui, dans notre ressort judiciaire, se montrent plus attachés aux traditions du foyer domestique.

Un contingent en quelque sorte d'élite, où les goûts studieux, l'habitude du travail, le désir de réussir, le zèle du bien forment la règle, contribuera bien mieux au succès durable de notre Œuvre qu'une foule plus nombreuse mais aussi plus agitée, plus instable, plus éloignée des saines influences de la famille, et plus accessible à l'esprit de dissipation.

Lorsque d'année en année il aura été démontré que parmi nous les étudiants se rencontrent dans un courant d'émulation et d'exemples salutaires, et peuvent avec fruit accomplir ici leurs complètes études de Droit, alors nous verrons apparaître, et sans appréhensions, ceux qui ne nous connaissant point encore, ou mûs par de secrets désirs d'indépendance se seraient jusqu'à ce moment laissé captiver par d'autres centres.

L'ardeur et la persévérance que nous avons plus particulièrement remarquées chez un certain nombre, sont évidemment accessibles à tous.

Plusieurs conduisent à bonne fin, parallèlement à l'étude du Droit, divers travaux littéraires ou professionnels.

Ainsi onze d'entre vous se sont inscrits aux conférences de la Facultés des lettres. Deux ont été reçus licenciés ès-lettres: M. Delachenal et M. Palmari, lequel en outre a fait précéder ce grade de celui de bachelier ès-sciences, sans que la préparation à ces deux épreuves ait compromis le succès de ses études de Droit.

D'autres en assez grand nombre sont en même temps clercs d'officiers ministeriels. Nous ne pouvons qu'encourager leur zèle, pourvu que sachant équilibrer leurs occupations, ils n'oublient jamais ce que réclame la préparation des examens.

II.

La constante assiduité au Cours et le soin d'y recueillir des notes, sont d'ailleurs les meilleurs moyens d'instruction.

Nous y attachons un tel prix que nous croyons utile et juste d'énoncer ici les noms des étudiants dont nous avons remarqué la présence non interrompue et les réponses satisfaisantes aux interrogatoires des professeurs. Ce sont :

La première année, MM. Berga, Bret, Bouvier, Charrat, de Cissey, de Collangettes, Dubois, Gros, Guinand, Jullien, Michoud, Monnier, Revoin, Teissier, Sornin, Vallas, Vors ;

En deuxième année, MM. Ducurtyl, Palmarini, Pierron, Ribeyrolles, Barrier :

En troisième année, MM. Chaine (Léon), Chaine (Louis), Fayard, Anglès, Garin.

III

La réussite aux examens a été cette année bien plus complète que l'année dernière.

Ainsi, auprès de l'une des Facultés qui vous confèrent vos grades, les boules blanches qui pour l'examen de première année n'avaient pas tout à fait atteint 20 % en 1872, se sont élevées à 41 % en 1873, tandis que les boules noires se sont abaissées de 20 % à 12 %.

Toutefois, nous remarquons que la moyenne des examens de deuxième et de troisième année subis devant la même Faculté, n'est pas aussi satisfaisante, puisqu'elle atteint 21 % de boules blanches seulement et 61 % rouges et 18 % noires.

L'examen de capacité a fourni 33 % blanches et 66 % rouges.

Mais sur l'ensemble nous constatons, au point de vue des admissions, un résulat définitif très-satisfaisant, consistant en 90, 48 % d'admissions et seulement 9, 52 % d'ajournements.

Tous ces chiffres sont officiels.

Devant une autre Faculté, la moyenne générale a été celle-ci : blanches 33 %, rouges 50 %, noires 17 % dont le détail offre ce résultat singulier que les étudiants de première année n'y ont obtenu que 25 % de blanches, tandis que ceux de deuxième année en ont obtenu 33 %, ceux de troisième année jusqu'à 50 % et les thèses 42 %.

De sorte que, devant une Faculté, les élèves de première année l'emportent, tandis que, devant une autre, ceux de deuxième et de troisième année se montrent bien supérieurs. Ces différences s'expliquent en partie par l'influence que peut exercer, sur les chiffres d'une moyenne, le succès très-brillant de quelques-uns, ou l'ajournement très-mérité de quelques autres.

Les conclusions générales que nous en tirons, c'est que

s'il n'est pas donné à tous d'obtenir un succès complet ou une majorité de boules blanches, il est du moins toujours possible d'éviter des échecs qui, bien qu'en petit nombre, exercent tout aussitôt une grave influence sur la statistique des bonnes notes.

Nous constatons encore qu'en définitive nos efforts sont appréciés avec une haute impartialité et, qu'en somme, nous rencontrons dans les résultats généraux, des motifs sérieux d'encouragement.

Ceux de vous qui ont le plus contribué à cet ensemble satisfaisant sont, pour les examens de première année : MM. Gros, Vallas, Charrat, Chapuis, Josserand, Michoud, Munier, Péricaud, Sornin, Teissier, Vermorel, et après eux : MM. de Collangettes, de Cissey, Favette, Bellon, Dubois, Guinand, Maitre, Morel ;

Pour les examens de deuxième année : MM. Ribeyrolles, Madier, Palmarini, Pierron, Coste, Ducurtyl, Fayard ;

Pour les examens de troisième année : MM. Chaine (Léon), Garin, Exbrayat, Chaine (Louis), Madier, Anglès, Braham ;

Enfin pour la thèse : MM. Flachaire, Chaine (Louis), Chaine (Léon), Ferréol.

IV

J'aborde maintenant, dans l'examen de vos travaux, les résultats de la conférence hebdomadaire du vendredi soir.

Cet exercice nous paraît de nature à vous rendre de réels services.

La conférence vous familiarise en effet avec la langue du Droit, elle vous habitue à coordonner et développer vos idées et à parler en public.

Jusqu'à présent elle n'a été suivie que par les étudiants de première et deuxième année ; ceux de troisième année devant consacrer presque tout leur temps à la préparation de deux examens et de la thèse.

Du 15 décembre au 30 mai dernier, 21 séances ont été tenues sous la présidence alternative de l'un des professeurs ; 40 questions controversées ont été discutées ; dans presque toutes, trois orateurs ont été entendus : deux plaidants et un troisième remplissant les fonctions du ministère public, ce qui a donné lieu à 117 plaidoiries ou réquisitoires, outre la faculté dont plusieurs ont usé de développer les motifs de leur opinion lors du vote qui suit toujours la discussion.

37 Etudiants seulement ont pris part à ces exercices ; nous regrettons que ceux qui se sont abstenus aient cédé à une timidité intempestive.

Parmi les plus zélés nous citerons : MM. Palmarini, Ducurtyl, Charrat, Revoin, Michoud, Monnier, de Cissey. Vallas, Barrier, de Montessus, Gros, Ribeyrolles, Guillot.

Cet empressement à la conférence, l'assiduité aux Cours

et les succès aux examens signalés plus haut, nous montrent ce que nous pourrions attendre de tous.

Malgré les encouragements de l'exemple, il y a cependant toujours quelques défaillances, des intermittences regrettables, et par suite des échecs; il est de notre devoir de les prévenir autant que possible en stimulant votre zèle par des appels, et par des interrogations.

V

Ce n'est pas d'ailleurs à vos succès d'école que se bornent nos désirs et nos préoccupations.

Cinq années d'enseignement nous ont permis déjà de retrouver dans les étudiants de la veille de jeunes confrères dont nous aimons à suivre les débuts au barreau. D'autres prenant rang chez des officiers ministériels n'échappent pas davantage à nos sympathiques souvenirs.

Vous comprendrez que, malgré le désir que j'en puisse ressentir, je ne cite aucun nom de ceux qui, remarqués par nous, commencent à faire honneur à la carrière qu'ils ont choisie.

Mais permettez-moi d'évoquer avec discrétion un exemple de ce que peut réaliser une volonté courageuse.

Pendant trois années nous avons vu (et les anciens d'entre vous pourraient s'en souvenir), un auditeur fidèle, parvenu cependant à un âge où d'ordinaire depuis 20 ans on a quitté les écoles.

Soucieux d'accroître l'utilité de ses services dans de modestes fonctions administratives, il avait envisagé comme un bienfait inespéré la possibilité que lui offraient nos Cours de se préparer à la licence en Droit.

Ce qu'il lui a fallu emprunter à ses veilles pour concilier des devoirs multiples avec les exigences des études, nous le savions, et plus d'une fois nous en avons été touchés. Ses efforts ont été récompensés et, après toutes les épreuves réglementaires heureusement subies, il a pu dans le courant de la dernière année obtenir son diplôme de licence, sans avoir dérobé à ses occupations quotidiennes plus de temps qu'il n'en fallait pour se présenter aux examens.

Cet exemple n'est-il pas de nature à stimuler les volontés chancelantes?

Vous ne sauriez enfin rester indifférents aux hautes sympathies que notre enseignement recueille chaque année.

La Magistrature par ses chefs eminents, l'Administration par ses réprésentants les plus élevés, ont bien voulu nous féliciter en diverses occasions des facilités offertes ici à tous ceux qui veulent étudier et apprendre.

La Faculté des lettres s'applaudit dans ces comptes-rendus officiels du surcroît d'auditeurs que nos étudiants fournissent à ses Cours et à ses Conférences,

Le budget municipal vous a ouvert un crédit. Le chapitre

des allocations faites aux sciences et aux lettres pour l'année scolaire 1873 contient un article ainsi conçu : '« Subvention à des élèves de l'Ecole libre de Droit, pour prendre leurs inscriptions, 1,000 francs. »

L'intention qui a dicté cette libéralité est de permettre plus aisément l'acquittement des droits universitaires à ceux d'entre vous, pour qui cette dépense serait une charge trop onéreuse. Je dois faire connaître que toute demande tendant à obtenir une part de cette allocation, doit être directement adressée à l'autorité municipale, mais après avoir été visée et approuvée par le président de l'Enseignement.

Cette mesure est d'ailleurs entourée d'une telle discrétion qu'il vous serait difficile de savoir, si je ne vous le disais, que dès cette année des attributions très opportunes ont pu être faites.

VI

Vous comprendrez que nous ayions à cœur, d'étendre encore les services que peut rendre notre Enseignement.

Quelles matières nouvelles devrait-il donc embrasser ?

Nos réflexions se sont portées sur trois points :

Le Cours de procédure tel qu'il est professé dans les Facultés ne comprend ni le titre de la saisie immobilière, ni d'autres textes, qui sont cependant d'une application journalière, et dont le commentaire a une place marquée dans un Enseignement qui tend surtout à un but pratique.

Il paraît donc opportun de compléter le Cours classique par des leçons sur les textes qui restent en dehors du programme universitaire. Ni le talent, ni le zèle ne manqueront au professeur auquel reviendrait cette tâche. Mais il importe de prévoir quel serait le nombre probable des auditeurs de ce cours intéressant surtout les clercs d'avoué. De prochaines informations pourront seules nous éclairer et déterminer notre décision.

D'autre part, les clercs de notaire trouvent-ils suffisamment dans l'ensemble de nosCours, l'enseignement qui leur convient ?

Bordeaux possède depuis plusieurs années une Ecole de Notariat, comprenant, au moyen de onze Cours par semaine, l'Enseignement de toutes les matières du Droit, et particulièrement des lois spéciales sur le Notariat et l'Enregistrement.

L'organisation de cette école, nous a-t-on dit, ne peut-elle pas nous offrir des indications utiles à consulter et à suivre ?

Nous répondons : Tout ce qui concerne les matières de Droit général se retrouve dans nos différents Cours, lesquels, nous ne saurions trop le répéter, sont indistinctement accessibles à toutes personnes désireuses de s'instruire, même sans avoir l'intention d'obtenir des grades universitaires. Les jeunes gens engagés dans la carrière du notariat, comme ceux qui sont dans le commerce, peuvent donc suivre ici, suivant leurs convenances, des cours de Droit civil, commercial, administratif ou de procédure.

Il resterait a créer un Cours particulier sur les matières du notariat et de l'enregistrement. Nous ne nous dissimulons pas quelle serait son importance et quels services il pourrait rendre. Nous ne doutons même pas qu'il ne fût capable d'intéresser d'autres auditeurs que ceux que nous fourniraient exclusivement les études de notaires.

Mais un pareil enseignement qui n'existe auprès d'aucune Faculté exige une préparation spéciale et approfondie. Ce qu'il nous est seulement permis d'affirmer c'est que le projet en sera mis à l'étude pour recevoir ultérieurement toute l'exécution possible.

Nous en dirons autant d'une autre branche d'enseignement qui, surtout dans une ville comme la nôtre, apparait, comme le complément nécessaire des études de droit. Je veux parler de l'Economie politique.

Cette science a eu souvent à Lyon, en d'autres enceintes, des professeurs d'une sérieuse autorité; mais on nous objecte qu'un enseignement de ce genre, qui, du haut d'une chaire publique, s'adresse à un auditoire peu homogène, changeant, plus curieux que zélé, peut rarement s'élever au-dessus de certaines généralités, ou se dégager assez des questions d'actualités ?

Ce n'est pas là, assure-t-on, l'enseignement classique

fait pour des esprits de même niveau, et dans lequel les principes et les déductions doivent être exposés en dehors de toute influence de temps ou de système.

Il y aurait donc à créer, spécialement pour les étudiants, un Cours d'économie politique complet, classique, s'inspirant de la lumineuse simplicité de Rossi et de Bastiat, et s'appuyant sur le Droit et l'Histoire.

Mais un tel enseignement, non encore compris dans le programme des Facultés, ne commanderait l'attention et l'assiduité qu'autant que le professeur y retiendrait ses auditeurs par l'autorité d'une expérience pratique incontestée et d'une sérieuse érudition. Sa création serait donc aujourd'hui difficile et prématurée. Revenons à des intérêts plus immédiats.

VIII

Il est des améliorations de détail ou des réformes sur lesquelles, en effet, nous avons préférablement à porter nos regards.

Les constatations faites aux examens, et qui nous sont transmises avec une remarquable bienveillance, nous permettent d'en préciser quelques-unes.

Ainsi, que les étudiants qui entrent en seconde année veuillent bien tirer profit de l'observation suivante :

Un point sur lequel leurs prédécesseurs ont laissé à désirer, c'est la concordance entre le Droit français et le Droit romain. Mais saisissez bien la cause de cet oubli. Vient-il d'une lacune dans l'enseignement ? Non. Car concurremment avec le cours de Droit français de seconde année vous avez un cours de Droit romain qui, faisant suite à celui de première année, complète le commentaire des Instituts, et d'autre part, les deux professeurs s'attachent à établir le parallèle entre les deux législations. Mais voici ce qui arrive : Par un calcul qui se retourne contre eux-mêmes, les étudiants délaissent trop aisément le cours de Droit romain de deuxième année, sur lequel ils savent ne devoir être examinés que dans les premiers mois de l'année suivante, pour se réserver exclusivement, disent-ils, à la préparation de leur second examen. De là, leur ignorance lorsque, interrogés alors sur les matières de notre Droit civil, ils ont perdu de vue ou différé d'étudier les principes du Droit romain auxquels elles se rattachent.

Et permettez-moi d'ajouter qu'ils ont encore un autre motif de regret, s'ils n'ont pas suivi assiduement le cours de Droit romain de deuxième année, c'est de se trouver insuffisamment préparés au Cours qui dès le début de la troisième année les dispose à subir ce que l'on appelle le premier examen de licence où la réussite est indispensable si l'on ne veut pas s'exposer à ajourner l'examen suivant, et à compromettre par là le succès de l'année entière.

Ainsi tout s'enchaine, et l'on revient sans cesse à cette vérité qui semble banale, bien qu'elle soit trop souvent méconnue : que le travail quotidien, assidu et soutenu est encore la condition la plus facile et la plus sûre du succès.

Croyez-en donc, non seulement notre expérience, mais celle de vos examinateurs, de ces jurisconsultes aussi expérimentés dans la doctrine que dans l'art de la propager, et qui veulent bien nous faire bénéficier de leurs observations si précieuses.

C'est pour nous un besoin, plus encore qu'un devoir, d'exprimer avec quelle gratitude nous avons reçu leurs communications orales ou écrites sur notre Enseignement, sur ses résultats, sur les conditions qui peuvent accroître son efficacité.

Ainsi, non-seulement devons-nous affirmer (comme les statistiques nous le démontrent), que, d'une part ou d'une autre, vous n'avez à redouter aucune ombre de défaveur, mais que partout également votre réussite est sincèrement désirée.

Voilà à quel accord, à quel entente se trouvent naturellement conduits des esprits qu'unit un même désir, celui de propager la science et d'en multiplier les bienfaits.

Ce n'est pourtant pas sans un regret que nous recommençons aujourdhui nos travaux, cinq années d'enseignement, d'efforts communs, nous avaient fait vivement apprécier le concours de l'un de nos confrères que des circonstances personnelles éloignent désormais de la coopération active à nos Cours. Nous compterons du moins sur les ressources de son esprit si vif et si lumineux dans toutes les questions générales intéressant notre Œuvre, à laquelle il appartient toujours par le cœur et la pensée.

Donner un successeur à M⁰ Dulac, était une tâche bien difficile, mais notre barreau était assez riche pour qu'il nous fût permis d'y rencontrer un confrère qui, par la préparation ancienne aux épreuves de l'agrégation, l'exercice de la magistrature et les succès à la barre, nous offrit les garanties du savoir, du talent et du caractère.

IX

Nous entrons donc avec confiance dans notre sixième année scolaire.

Nous ne savons, ni ne cherchons à prévoir quelle situation pourraient nous faire, les réformes méditées dans l'enseignement supérieur.

Quelque solution que reçoive le projet de loi proposé à l'Assemblée nationale et récemment publié dans le *Journal officiel*, nous n'avons à prendre parti pour aucun des systèmes qui se trouvent en présence.

Notre ambition peut s'avouer tout entière.

Une loi, un décret suffisent-ils à créer une Ecole? Oui, si dans une Ecole on ne considère que son organisation, sa forme légale, son cadre ; — Non, si le mot *Ecole* est envisagé dans son sens le plus large, le plus philosophique et le plus vrai.

Une Ecole, en effet, n'est ni l'œuvre d'un jour, ni le résultat nécessaire et spontané d'un acte législatif.

L'*Ecole* suppose chez le maître les longs labeurs, la foi et la persistance dans l'œuvre entreprise, la connaissance réfléchie des besoins à satisfaire, la sûreté dans la méthode, l'ampleur et la plénitude dans la doctrine, enfin l'attachement inviolable aux vérités d'ordre supérieur, base de toute science.

Elle suppose aussi un lien intellectuel et moral entre le maître et l'élève, et chez celui-ci la soif du savoir, la discipline dans le travail, le retour quotidien sur les études de la veille, l'essor infatigable vers les horizons élevés, alors même que les aspérités ou les nuages en assombrissent parfois le chemin.

Voilà comment, par le concours des uns et des autres, par une émulation et des vertus communes, se créent, se transmettent et s'imposent les traditions.

Voilà comment, avec les années, ceux qui enseignent et ceux qui apprennent, parviennent un jour à fonder une Ecole.

C'est là ce que nous vous convions à réaliser avec nous.

A l'œuvre donc, venez résolûment nous seconder.

Nous ne vous demandons pas de vous soumettre aux

sévères coutumes des Ecoles d'autrefois, d'imiter, par exemple, ces écoliers de Toulouse des XVIe et XVIIe siècles, dont Etienne Pasquier disait : « Dès quatre heures du matin, en hiver, on se levait pour la prière ; puis on allait aux Ecoles jusqu'à onze heures; on en revenait ensuite pour discuter les textes, vérifier les passages, et, pour toute récréation, lire Aristophane, les tragiques grecs, Plaute et Cicéron. »

L'esprit moderne, s'il est capable aussi de grandes choses, demande d'autres distractions que la lecture des anciens, en latin et en grec.

Mais si nous ne faisons absolument comme nos ancêtres qui ne craignaient pas, suivant une expression caractéristique, de « suer sur leurs livres comme le laboureur sur son sillon, » reconnaissons avec eux que rien ne se fonde par secousses, mais seulement « par patience et travail. »

Donnez donc au travail une part large, surtout égale, toujours soutenue; votre persistance faisant graduellement disparaître les difficultés sous vos pas, doublera vos moyens d'action, et vos succès nous permettrons d'affirmer peut-être l'existence de l'Ecole de Droit Lyonnaise.

Après ce Compte-rendu, la parole est donnée à Me Rambaud, qui explique le programme et l'ordre des Cours et indique les jours et heures auxquels ils doivent avoir lieu.

Mᵉ Rougier ajoute quelques mots sur les Cours et Conférences de la Faculté des lettres qui s'ouvriront prochainement, et qui peuvent offrir aux étudiants en Droit un excellent complément de leurs études.

Il termine en remerciant M. le Recteur de l'Académie, M. le Bâtonnier et MM. les membres du Conseil de l'Ordre, présents à la réunion, de l'intérêt qu'ils veulent bien témoigner par leur présence en faveur de l'Enseignement du Droit.

La séance est levée à dix heures.

Lyon. — Impr. de Mougin-Rusand, 3, rue Stella.